Lecturas graduadas

B1

ELE

DESCONCIERTO EN EL HOSPITAL

Feli Sanjuán López

UNIVERSIDAD DE
ALCALA

ANAYA ñ ELE

Equipo de la Universidad de Alcalá
Dirección: María Ángeles Álvarez Martínez

Programación: María Ángeles Álvarez Martínez
                  Ana Blanco Canales
                  María Jesús Torrens Álvarez

© Del texto: Feli Sanjuán López
              M.ª Ángeles Álvarez Martínez (directora
              y coordinadora), 2001
© De los dibujos: Grupo Anaya, S. A., 2001
© Del conjunto de esta edición: Grupo Anaya, S. A., 2001

2.ª edición: 2018
12.ª reimpresión: 2018

Depósito legal: M-33416-2017
ISBN: 978-84-698-4645-2
Printed in Spain

EQUIPO EDITORIAL
Edición: Milagros Bodas y Sonia de Pedro
Corrección: Gabriel Martínez
Ilustración: El Gancho (Tomás Hijo, José Zazo y
              Alberto Pieruz)
Cubierta: Carolina García
Maquetación: Ángel Guerrero
Estudio de Grabación: Anaya Educación

Índice

1

El personal sanitario estaba desconcertado. La paciente de la habitación 213 había desaparecido. Los celadores, auxiliares, enfermeras y personal de seguridad llevaban más de una hora buscándola por los pasillos, los baños, las salas de espera y las habitaciones de otros pacientes, pero sin ningún resultado positivo.

A las once de la mañana había que realizarle algunas pruebas que necesitaban cierta preparación desde una hora antes. Eran las diez y media y Loli, que así se llamaba la protagonista de la historia, seguía sin dar señales de vida. No quisieron llamar a su casa todavía para no alarmar a la familia. Tampoco hizo falta porque unos minutos después se presentó la madre. Quería estar al lado de su hija por si tenía algún problema durante las pruebas, pues la chica era alérgica a muchas sustancias y su madre temía que lo fuese a algún producto que ingiriese o le inyectasen, como por ejemplo el contraste que introducen al hacer un escáner. Quería también consultar con ella y con el doctor la conveniencia o no de aplicar dicho contraste. Deseaba saber los pros y los contras que podía tener para valorar si sería prudente o no firmar la autorización de la administración de dicha sustancia, pues era ella quien tenía que autorizar la prueba, ya que Loli era todavía menor de edad. Le faltaba tan solo una semana para cumplir los dieciocho años.

Loli había sufrido el día anterior un accidente de moto. Desde un principio el accidente parecía leve, pues conducía por la ciudad y la velocidad no era muy alta; además, iba protegida por el casco. Sin embargo, un pequeño choque con un turismo que circulaba por el carril de su izquierda hizo que no pudiera dominar la dirección y que esta se le fuera hacia la izquierda. La moto perdió la estabilidad, Loli cayó de bruces en el asfalto y quedó inconsciente al instante.

El conductor del coche con el que había chocado llamó inmediatamente al 061, desde donde mandaron una ambulancia que la condujo a la unidad de urgencias del hospital Infanta Cristina. Antes de llegar, Loli había recobrado la consciencia, pero se sentía bastante aturdida y con un fuerte dolor de cabeza.

La chica pidió que avisaran a su familia y que le dijeran que le llevaran ropa limpia, pues la que tenía puesta estaba manchada de sangre por algunos de los rasguños que se había hecho en las manos y también por una pequeña hemorragia que había tenido por la nariz. El conductor se ocupó de realizar el encargo. Cuando iba a preguntarle por el número de teléfono de su casa, observó que Loli cerraba los ojos en señal de cansancio, por lo que prefirió no molestarla y buscarlo él mismo entre los enseres de la chica. El conductor, después de mirar en la mochila de Loli, lo único que portaba en el momento del accidente, encontró una agenda con los datos que iba buscando. Tardó un rato hasta encontrarla, pues en la mochila había de todo: una carpeta con apuntes, un teléfono móvil, unas notas sueltas, una bolsita de aseo, otra llena de bolígrafos, lapiceros, goma de borrar, chinchetas y varios utensilios más de material escolar y, por fin, en un apartado de la mochila se encontraban el billetero y la agenda. Acto seguido el señor telefoneó a la familia de la joven. Habló con su madre restando importancia a lo ocurrido para no causar alarma.

Los padres no tardaron en llegar al hospital. Enseguida vieron a su hija, que todavía no había sido atendida.

Las salas de espera de la unidad de urgencias estaban hasta los topes* de gente. Poco antes de llegar Loli, habían ingresado a casi la totalidad de los viajeros de un autobús con personas de la tercera edad, que habían salido de excursión y poco después habían sufrido un accidente: se había pinchado un neumático y el autobús había caído a la cuneta. Afortunadamente el vehículo iba a poca velocidad y no se registraron muertos, pero algunos de los pasajeros eran de edad avanzada y el golpe les produjo una gran conmoción. Muchos se encontraban graves, y el personal médico no daba abasto* para atender a tanta gente. Los familiares se arremolinaban pidiendo información. Total que, hasta que se despejaron un poco las salas, aquello era un caos.

De todos modos, los padres de Loli, que llegaron al hospital en un estado de gran ansiedad, se tranquilizaron al ver que todo indicaba que su hija no había sufrido un accidente grave. El aspecto de la chica era bueno: estaba un poco pálida, más que nada por el susto, y tenía algunos arañazos en la piel que eran bastante superficiales. Incluso, al ver el follón que había en el hospital, estuvieron a punto de llevársela para casa y allí su madre le curaría ella misma las leves heridas. El conductor del turismo disuadió a los padres de esa idea.

–Opino igual que ustedes sobre el estado de la chica. Aparentemente está normal, pero siempre es conveniente hacer una revisión por si ha sufrido algún traumatismo interno. Máxime cuando ella dice que tiene un fuerte dolor de cabeza. Tal vez sea por los nervios, pero conviene que la vea un especialista y así nos quedaremos más tranquilos.

–Es verdad –manifestó el padre–, pero si el golpe le ha producido algún traumatismo importante, cuando la quieran atender, a mi hija le ha podido ya pasar de todo.

–Tenga calma. No creo que tarden ya mucho en llamarla, parece que han reclamado más personal sanitario de otros hospitales y todo volverá a la normalidad en poco tiempo.

Efectivamente, al poco de pronunciar estas palabras, una enfermera llamó a Loli. Su madre fue detrás de ella, pero, con mucha amabilidad, le indicaron que aguardara en la sala de espera, que los familiares serían informados a su debido tiempo y que, por otro lado, no creía que la chica tardara en salir.

Un poco a regañadientes*, la mujer tomó asiento de nuevo y se armó de paciencia*, pues presentía que, dado el lío que se había montado* en el hospital por el accidente del autobús, su hija tendría todavía para rato*. El conductor del turismo, al ver que se había hecho tarde y que Loli se encontraba ya en buenas manos*, se despidió de sus padres asegurando que les telefonearía para interesarse por el estado de la chica. Amablemente, le dieron las gracias por las atenciones que había tenido con Loli, el padre y lo acompañó hasta la salida principal, más que por educación, por estirar un poco las piernas, pues llevaban allí casi dos horas en la misma postura.

Cuando el padre de Loli volvió a la sala donde se había quedado su mujer, la encontró acompañada de su hija. Estaban esperando el resultado de una analítica y algunas radiografías que le habían hecho. También le habían desinfectado las heridas y había tomado un analgésico para el dolor de cabeza. Pese a todo, de momento el dolor no había desaparecido.

En poco tiempo la unidad de urgencias del hospital quedó bastante despejada. Muchos de los ancianos que viajaban en el autobús fueron dados de alta. Además, el número de médicos y enfermeros se había incrementado y se notaba la fluidez en el trabajo. No tardaron demasiado en volver a llamar a Loli. Esta vez la enfermera les pidió que entraran en la sala para hablar con el doctor. Este se dirigió a la chica en tono optimista.

–Bien, por suerte, el golpe no parece haber tenido ninguna consecuencia grave. Debes tener cuidado, pues muchos de los accidentes de moto son mortales.

–Entonces, ¿ya nos podemos ir a casa? –preguntó la madre–, ella dice que continúa con el dolor de cabeza.

–En ese caso es mejor someterla a observación durante unas horas. Puede dormir esta noche en el hospital y mañana, a primera hora, para confirmar que todo está bien, le haremos un escáner y, si hiciera falta, lo completamos con otras pruebas. Por otro lado, algunos resultados del hemograma que le hemos hecho no los tendremos listos hasta dentro de un par de horas.

–¿No tendrá un derrame cerebral, doctor?

–¡Por Dios, señora! Su hija parece encontrarse perfectamente. Es normal que después del impacto del golpe sufra dolor de cabeza, sobre todo por el susto que se ha llevado. Váyase tranquila a casa y mañana Loli ya estará haciendo su vida normal.

–De acuerdo, ¿a qué hora le harán las pruebas? Quiero estar con ella en ese momento.

–Espere, voy a hacer el volante para su internamiento, y una vez que le asignen habitación, en el departamento de enfermería de la planta correspondiente la informarán de todo.

2

Nadie tenía la menor idea de lo que podía haber ocurrido. Además de las enfermeras y auxiliares del turno de noche, también había visto a Loli la médica de guardia que estaba en la planta. Había tenido que entrar a su habitación a atender a la compañera, que tenía algo de fiebre. Incluso había cruzado algunas palabras con ella.

Efectivamente, la noche anterior Loli había ingresado en la habitación 213 después de haber sido atendida en urgencias. El doctor Martínez había hablado con ella y con su madre. Esta se había mostrado un poco preocupada por el dolor de cabeza que padecía su hija, aunque él opinaba que el caso de esa chica no revestía ninguna gravedad, pero, para más tranquilidad, sería mejor someterla a observación durante un tiempo.

Después de despedirse del doctor, tanto la madre como la hija salieron un poco aturdidas de la sala de urgencias. No habían pensado que Loli tendría que pasar allí la noche, aunque la madre estaba contenta porque veía que su hija iba a ser sometida a un concienzudo examen, pues ya antes del accidente la muchacha se quejaba de vez en cuando de dolor de cabeza. Alguna vez se lo había comentado al médico de cabecera, pero no le había dado importancia. Solía decir que se trataba de neuralgias, pero su madre no se quedaba conforme del todo, y ahora era una buena ocasión para descubrir si tenía algún problema de salud. A Loli, por su parte, no le hacía ninguna gracia* pasar la noche en el hospital. En los últimos minutos el dolor de cabeza había remitido bastante y tenía la impresión de que iba a pasar un tiempo muy aburrido rodeada de enfermos. Su madre la animó diciendo que seguramente tendría televisión en el cuarto; que, además, le iba a comprar algunas revistas y que no se preocupara porque el tiempo se le pasaría rápidamente.

Eran las nueve de la noche cuando terminaron de arreglar todos los trámites burocráticos. Loli tenía que instalarse en la segunda planta, en la habitación 213. Le pareció acogedora: era una habitación doble. Ella la compartía con una señora que iba a ser operada al día siguiente de la vesícula. Esta señora estaba un poco nerviosa y pidió un comprimido para dormir. Por lo tanto, Loli no pudo hablar mucho con ella. Efectivamente, como había pronosticado su madre, disponía de aparato de televisión, y además había dos cómodos sillones abatibles, donde podría descansar sin tener que acostarse demasiado temprano. En la misma habitación tenía un cuarto de aseo. Era de noche y no podía apreciar el paisaje desde la ventana, pero por las luces externas del hospital se podía observar, o más bien intuir, que era un espacio lleno de árboles. La impresión del habitáculo fue buena.

Estaba a punto de despedirse de sus padres, cuando de pronto Loli se dio cuenta de que tenía hambre. Los pacientes ya habían cenado hacía rato, pues en los hospitales la cena se sirve mucho más temprano de lo que es costumbre en los hogares españoles. De manera que los padres le propusieron bajar a la cafetería del hospital, donde aprovecharían para cenar los tres juntos. Así se evitaba el trabajo de hacer la cena al llegar a casa.

El padre tomó un plato combinado compuesto de huevos fritos, croquetas de bacalao, patatas fritas y ensalada. La madre pidió jamón serrano, tortilla española y ensalada mixta. Loli, más adaptada a las costumbres culinarias foráneas, pero muy extendidas entre la juventud española, prefirió pedir una hamburguesa y patatas fritas. Su madre le aconsejó que, además, tomara un vaso de leche con algún bollo, pues tendría después que pasar bastantes horas sin comer, ya que el escáner tenían que hacérselo en ayunas.

Eran las diez cuando Loli, después de despedirse de sus padres, subió sola a la segunda planta. Antes de entrar en su habitación, dio algunas vueltas por los pasillos. Como en todos los hospitales, la decoración era muy sobria. La monotonía del color blanco de las paredes solo se rompía por el azul de los teléfonos públicos que se encontraban cada cincuenta metros más o menos. En los ocho rellanos que existían en cada planta, junto a los ascensores, estaban ubicadas dos máquinas automáticas: una de bebidas (calientes y frías) y otra de chucherías, tales como caramelos, frutos secos, patatas fritas, etc. Como todavía era pronto, decidió extraer de la primera una coca-cola, y se la fue tomando mientras observaba el ambiente al andar. Se encontraba con algunos pacientes, casi todos convalecientes de alguna operación, que también paseaban, tal como les habían prescrito los facultativos para favorecer su recuperación. Todos iban vestidos con el pijama propio del hospital. Loli, que todavía no se había cambiado de ropa, pensó en retirarse a su cuarto para no llamar la atención, pues a esas horas ya no había nadie con ropa de calle.

Al llegar a su habitación encontró a su compañera en compañía de un médico y una enfermera. Preguntó si ocurría algo, a lo que el doctor contestó que la paciente tenía unas décimas de fiebre y que por ello era preciso que la observaran, puesto que estaba previsto que la señora entrara al quirófano a la mañana siguiente para ser operada. La enfermera aprovechó para decir a Loli que no se moviera de momento de su cuarto porque tenían que tomarle la temperatura y la presión arterial. Ella asintió con la cabeza.

Cogió su neceser y se metió en el cuarto de aseo a ponerse el pijama y limpiarse los dientes. Tardó un buen rato en salir. Cuando lo hizo vio a la misma enfermera en la habitación esperándola para ponerle el termómetro. Al ver aparecer a Loli, la enfermera se dirigió a ella.

–No debes de encontrarte muy mal cuando tardas tanto en acostarte, ¿eh?

–Ahora mismo estoy perfectamente –dijo Loli–, podía haber dormido en casa sin ningún problema.

–El doctor ha considerado conveniente hacerte una revisión más a fondo. Las caídas de moto a veces tienen consecuencias inesperadas.

–Está bien. ¿Crees que se podrá dormir aquí?

–Si tienes sueño, por supuesto que podrás dormir. Tendremos que entrar alguna vez para examinar las constantes de las dos, pero intentaremos molestar lo menos posible.

–Eso espero, porque si no voy a pasar la noche muy nerviosa.

–A las doce pasaremos a darte un zumo. Ya sabes que después de esa hora no puedes ingerir nada más.

–De acuerdo. ¿Tampoco puedo beber agua ni masticar chicle?

–Absolutamente nada. Pero tampoco es grave. Dentro de poco te dormirás y cuando te despiertes ya te prepararemos para las pruebas. Ya verás qué pronto pasa el tiempo.

La enfermera se despidió, y en ese momento Loli encendió la televisión. La dejó en un canal donde había un concurso cultural de preguntas y respuestas. Ella ya lo había visto otras veces y le entretenía mucho. A su compañera le habían dado un somnífero y dormía profundamente. Su respiración era lenta y a veces emitía algún ronquido; por tanto, Loli podía estar con la luz encendida sin temor a despertarla.

Cuando terminó el concurso apagó el aparato con idea de meterse en la cama, pero se dio cuenta de que estaba más despabilada que antes de empezar el programa. Seguramente la coca-cola le había quitado el sueño. Pensó en leer hasta que el sueño la venciera*. Su madre la había dejado bien provista de prensa rosa. Empezó a informarse de numerosos cotilleos sobre bodas, separaciones, embarazos, infidelidades y otras cosas por el estilo de la vida de los famosos. Le llamó la atención la noticia de una adolescente que se había escapado de casa con su profesor de literatura. Entre los dos se había establecido una relación a la que se oponía la familia de la chica, por ser esta muy joven y porque, además, la diferencia de edad entre ambos era de doce años. Loli pensó que el amor no entiende de barreras de edad, raza, religión ni otras trabas que esgrimen como argumentos aquellas personas que no conocen un sentimiento tan fuerte. Loli entendía perfectamente la actitud de la chica, y pensaba en lo equivocada que estaba la sociedad.

En ese momento se acordó de su novio, pues desde hacía unos meses Loli salía con un chico, compañero de clase. Era alto y rubio como ella, muy simpático y activo. La madre de Loli, que tenía un carácter bastante absorbente, no veía con buenos ojos* esa relación por considerar que los dos eran muy jóvenes (el chico tenía tan solo unos meses más que ella) y pensaba que lo único que podía traer eran consecuencias nefastas en la marcha de sus estudios. De hecho, en la última evaluación Loli había suspendido una asignatura y su madre sospechaba que era debido a la falta de concentración por estar pendiente de ese chico. Desde ese momento le prohibió salir con él. Loli no obedeció y siguieron viéndose a escondidas.

Con la confusión de los acontecimientos no lo había llamado. Ni siquiera le había dicho que había sufrido un accidente y se encontraba en el hospital. Se tiró de la cama, cogió el teléfono móvil y se metió en el cuarto de aseo para no molestar a su compañera de habitación. Desde allí pudo hablar durante largo tiempo con Antonio, su novio. Ella le relató con todo tipo de detalles el susto que se había llevado esa misma tarde y le dijo que felizmente se encontraba bien, por lo que le parecía absurdo pasar la noche en el hospital. Ambos hablaron también de sus sentimientos, de lo mucho que se querían y se echaban de menos. Antes de despedirse quedaron en encontrarse al día siguiente en el instituto, si es que su madre la dejaba ir.

Llevaba Loli media hora en la cama cuando la empezó a vencer el sueño. En ese momento sonó su teléfono. Ella se apresuró a responder con rapidez para no despertar a su compañera, que seguía aún sumida en un sueño profundo. A la vez se tiró de la cama y se dirigió al cuarto de aseo para hablar con más tranquilidad. Era de nuevo Antonio, que no podía dormir pensando en su novia.

3

A la mañana siguiente, la madre de Loli fue directamente a la habitación de esta. Al encontrar su cama vacía quiso preguntar por su hija a la compañera de habitación, la señora que ocupaba la cama de al lado. Esta, que había reconocido a la madre de su compañera, se quedó muda e hizo como que dormía para no meterse en ningún lío (sabía que las enfermeras la andaban buscando y le habían preguntado por ella un momento antes).

Al principio su madre no se preocupó; probablemente su hija estaba en la ducha, ya que los baños estaban fuera de la habitación, en los pasillos. La habitación disponía de un pequeño aseo compuesto de lavabo, bidé y taza de váter. Pero sabía que Loli lo primero que hacía al levantarse era ir directamente a la ducha, por tanto decidió esperar sentada unos minutos.

El tiempo iba pasando y la chica no llegaba. Una enfermera había visto entrar a la madre de Loli sola. Muchos opinaban que la joven se había marchado a su casa para volver al día siguiente con su madre, aunque parecía difícil porque en la habitación se encontraba la ropa de la paciente. La enfermera, pálida por la impresión que le produjo la visión de la llegada de la madre de Loli en solitario, avisó al resto del personal que andaba buscándola. Temían el encuentro con la señora. No se les ocurría qué podrían decirle para que no se asustara. Por otro lado, solo faltaba ya un cuarto de hora para empezar con las pruebas y entonces se descubriría todo el pastel*.

Armándose de valor*, la enfermera jefe de la planta fue a hablar con el director del hospital y le contó lo ocurrido: la enferma de la habitación 213 había desaparecido y la habían estado buscando por todos los lugares del hospital donde pensaban que podría encontrarse, sin ningún resultado positivo. Incluso habían mirado por la cafetería, por si estaba desayunando, desobedeciendo así la prescripción facultativa de realizar las pruebas médicas en ayunas. Nada, no había rastro de ella. Es decir, no aparecía, porque rastro de ella sí había en su habitación. Allí se encontraban todas sus pertenencias: ropa de calle, zapatos, mochila, neceser, etc.

El director escuchó con atención el relato de la enfermera, al principio con tranquilidad, pero, según iba avanzando con la historia, los nervios se iban apoderando de él e iba montando en cólera*. Mirando a la enfermera con las pupilas dilatadas y la cara desencajada, le dijo:

–¡Pero bueno, cómo ha podido desaparecer una paciente! ¡Nadie la ha visto! ¡Por lo que parece, los señores de seguridad están de adorno!

–Bueno, lo cierto es que ni tan siquiera sabemos desde cuándo falta. He consultado a todos los compañeros que han comenzado en el mismo turno que yo y los que han entrado en su habitación han visto desde el primer momento la cama vacía.

–Es decir, que de ello se deduce que la desaparición de la chica debió de producirse antes de las siete de la mañana, durante el turno anterior.

–Podría ser. Sin embargo, nadie ha debido de darse cuenta puesto que en el cuaderno de incidencias no hay nada que lo revele. Por otra parte, el personal del turno de noche nunca se va hasta que no están en sus puestos las personas del nuevo turno, y tampoco nos ha dicho nadie nada.

El director iba poniéndose cada vez más nervioso. Sabía que no le quedaría más remedio* que avisar a la policía, y estos asuntos no le gustaban. Pensaba que la prensa se haría eco rápidamente de esta noticia y su nombre aparecería en todos los diarios. Tendrían que mantener el secreto el mayor tiempo posible. Si lo pudieran arreglar entre ellos, no avisarían a la policía y no aparecería él en los periódicos envuelto en ninguna noticia sensacionalista. Una buena idea podría ser decir a la familia que habían trasladado a la chica a otro hospital. Mientras tanto se iba ganando tiempo para hacer más gestiones. Fue tajante al dar órdenes a la enfermera.

–¡De ninguna manera puede enterarse del problema la madre de esa chica! ¡Sería mi ruina y la del buen nombre del hospital! Tenemos que intentar arreglar el asunto nosotros mismos. Dígale, para tranquilizarla de momento, que van a practicarle una prueba de resonancia magnética y que ha tenido que ser trasladada a otro hospital, ya que aquí no disponemos del material necesario. Eso nos dejará un tiempo para tratar de solucionar el problema.

–De acuerdo, pero... ¿y si aparece mientras tanto?

–¡Ojalá fuera así! Entonces no habría ningún problema en contarle toda la verdad a la madre. Lo difícil es salir de esta situación si la chica no da señales de vida*. Mientras tanto búsquenla por todo el hospital y ténganme al corriente* del resultado. Si tiene sus cosas en la habitación, no ha podido ir muy lejos.

El problema de la búsqueda entrañaba una dificultad especial, pues el hospital era muy grande. El edificio constaba de diez plantas, con cuatro secciones en cada una de ellas. Además, con tanta gente, no era fácil identificar a una persona, ya que entre los trabajadores sanitarios del relevo de las siete, a Loli solo la conocían personalmente una enfermera y una auxiliar que habían doblado su turno*. La enfermera jefe encargó a ambas que se dedicaran solo y exclusivamente a revisar todas las dependencias del hospital hasta que la encontrasen. Antes de reiniciar la tarea les pidió que hicieran una descripción de la muchacha para transmitírsela a los guardias de seguridad y también al resto del personal, por si la veían mientras atendían a otros pacientes. Fue la auxiliar la primera en tomar la palabra.

–Se trata de una chica más bien alta, más o menos 1,75, delgada, ojos grandes y azules, nariz respingona. Lleva el pelo rubio, tal vez teñido, con una melena hasta los hombros.

–Tiene una mirada muy peculiar –esta vez intervino la enfermera–, una mirada penetrante y a la vez muy expresiva. Aparenta un par de años más de los que tiene.

Sin haber terminado aún la conversación, apareció en la sala de enfermeras la madre de Loli, que, un poco preocupada, iba a preguntar si alguien sabía alguna cosa sobre el paradero de su hija. Al verla, la enfermera jefe se apresuró a decir a las dos chicas:

–¡Vamos, empezad vuestra tarea! Y tenedme informada puntualmente.

Acto seguido se dirigió a la señora, simulando la mayor naturalidad posible.

–Pero ¿cómo? ¿No le han dicho que su hija ha sido trasladada a otro hospital?

–No, no sabía nada. ¿Qué ha ocurrido? ¿Está peor? Yo la dejé perfectamente. Incluso a última hora se le había pasado el dolor de cabeza.

–No es eso, lo que ocurre es que el doctor ha pensado que era conveniente hacerle una resonancia magnética y no disponemos en este hospital de ese servicio. Se la han llevado en una ambulancia hace media hora. Seguramente antes de mediodía estará de vuelta.

–Me parece que lo menos que debían haber hecho es informarme –dijo la madre de Loli en un tono un poco elevado– para poder ir directamente al hospital donde se encuentra.

–Lo siento, señora, normalmente en estos casos se avisa a los familiares. Debe de haber una explicación que justifique este fallo. No se preocupe, me encargaré personalmente de averiguar qué ha ocurrido y usted recibirá las disculpas de quien proceda.

–¿En qué hospital está? Voy a ir hacia allí ahora mismo.

–No tiene sentido que usted vaya. Puede ser que se cruce con ella en el camino. Si quiere puede irse a casa y nosotros la avisaremos cuando su hija esté de vuelta. O si lo prefiere puede irse a la cafetería y esperar allí. Realmente no tenemos mucha idea de cuánto tardará.

–Está bien, esperaré en la cafetería. Le dejo el número de mi móvil y así me pueden notificar si hay alguna novedad.

–De acuerdo. La llamaremos en cuanto esté de vuelta.

La enfermera se sintió como si se hubiera quitado un peso de encima* en el momento en que vio desaparecer a la señora. Pero ahora quedaba la segunda parte: ¿dónde estaría la chica? Si no aparecía en una o dos horas seguramente volvería de nuevo esta señora para interesarse por su hija, y no sabrían qué decirle. Era conveniente prestar atención al rostro de todas las personas. Había alertado de esto a todos los trabajadores del hospital.

De pronto un agente de seguridad se presentó ante la enfermera jefe con una chica muy joven, que respondía a las características de la descripción que le habían hecho de Loli. En tono triunfalista, dijo:

–Aquí traigo a esta chavala, que al parecer se está haciendo pasar por* enfermera. Le he dicho que lo acredite con documentación y se ha puesto muy nerviosa. Creo que se trata de la chica que buscamos, que está jugando con todos nosotros.

La chica, casi con lágrimas en los ojos, acertó a balbucear:

–Me he puesto nerviosa porque no llevo ninguna documentación encima, ni siquiera el carné de identidad. Me lo he dejado en casa.

–Es un truco muy extendido –dijo el agente–, pero a nosotros no nos vas a engañar.

–Les aseguro que no intento engañarles. Soy una estudiante de enfermería que empezó hace una semana a realizar las prácticas en este hospital.

–¡Tranquilos! –dijo la enfermera jefe–. Eso hay forma de comprobarlo. Ahora mismo llamo a la administración del hospital; ellos deben de tener una lista del personal en prácticas. A ver, dime tu nombre y apellidos y la escuela universitaria en la que estudias.

La chica, que ya había empezado a sollozar por el desagradable incidente, dio sus datos con voz temblorosa, pero, a la vez, intentando tranquilizarse porque sabía que de este modo se comprobaría que ella no estaba suplantando la personalidad de nadie, como el agente la estaba acusando, que saldría la verdad a relucir* y se acabarían los problemas.

Efectivamente, en pocos minutos se supo que esta muchacha formaba parte del personal de enfermería contratado en prácticas. Ella respiró hondo cuando se lo confirmó la enfermera. En cambio, el agente agachó la cabeza, avergonzado por su metedura de pata*. Ahora era él el que estaba nervioso y le temblaba la voz.

–Perdone, señorita, todos estamos muy alterados porque ha desaparecido una paciente de su habitación y eso nos hace desconfiar de todo el mundo y cualquier actitud un poco fuera de lo normal nos parece sospechosa.

–Lo entiendo, pero me lo ha hecho pasar muy mal. Suerte que no ha tardado demasiado en aclararse el asunto porque ya me estaba poniendo enferma. No estoy acostumbrada a mentir y no sabía cómo salir de esta situación tan embarazosa.

–Le repito que me perdone. Siento de verdad que por mí esté pasando unos momentos tan malos. Seguiré buscando a esa chica, pero esta vez tendré más cuidado de no confundirme.

El agente salió de la sala bastante desmoralizado. Hacía unos minutos se creía un "supermán", un gran detective, un héroe, una persona cuya sagacidad había resuelto el gran problema que ponía en entredicho* el buen nombre del hospital. Con el pensamiento ya estaba saboreando el éxito de su actuación, la felicitación de los jefes, incluso su imaginación le hacía verse condecorado y premiado con un aumento de sueldo. En cambio, después de lo ocurrido, lo único que sentía era vergüenza. Y tendría suerte si este hecho no trascendía, si no llegaba a oídos* de sus superiores, que seguramente le echarían un buen rapapolvo*. Se pondría ahora a buscar con más ahínco. Tenía que encontrar a la chica desaparecida y así compensaría el error cometido.

4

La tensión iba aumentando por momentos entre las personas que estaban al tanto* de lo ocurrido en el hospital. Loli no aparecía. El plazo de tiempo que le habían dado a su madre se iba agotando. Esta no tardaría en presentarse en la sala de enfermeras y no sabrían qué decirle.

El director telefoneaba cada cierto tiempo a la enfermera jefe para interesarse por el caso, sin recibir ninguna noticia esperanzadora. El agente de seguridad estaba atento a las personas que entraban y salían del hospital. Si alguna de ellas respondiera con sus rasgos a la descripción de Loli, le preguntaría el nombre. Esta vez quería documentarse para no volver a meter la pata. Nadie sabía nada de Loli. Ni siquiera la compañera de habitación podría darles ninguna pista, puesto que esta ya había sido operada y estaba bajo los efectos de la anestesia. De cualquier modo, sabían que la noche anterior había tomado un somnífero y seguramente había dormido de un tirón*, sin enterarse de lo que había ocurrido en su habitación. En todo caso, cuando se despertara, le preguntarían por si sabía algo.

Era la una de la tarde y la situación no había variado. El director ordenó a la enfermera que telefonease a todo el personal sanitario del turno anterior que había hecho guardia en la segunda planta y que se informase del mayor número de detalles sobre las incidencias de esa noche en la habitación 213. También le encargó que pidiera a aquellos trabajadores del hospital que habían tenido más contacto con Loli que se personaran en su despacho para hablar con él, incluso el doctor Martínez, que era el que la había atendido en urgencias.

El director, mientras tanto, hizo personalmente otras llamadas a centros hospitalarios para ver si sabían algo de esa chica, sin comentar por el momento que había desaparecido del hospital que él dirigía. Quería dar al hecho la menor publicidad posible, pero era necesario actuar de alguna forma y con rapidez. Este misterio había que desvelarlo cuanto antes, si no las cosas se iban a complicar.

Pero nadie sabía nada de la chica. Solo en un hospital le hicieron albergar ciertas esperanzas. Le dijeron que hacía unas tres horas había ingresado una chica en estado de coma etílico, que estaba indocumentada y, por tanto, sin identificar. Respondía en términos generales a la descripción de la muchacha. El director, que se había hecho pasar por su padre, dijo que volvería a llamar más tarde y si la chica todavía no estaba consciente, iría al hospital para comprobar su identidad.

El director se llevó una gran sorpresa cuando en la siguiente llamada le dicen que la chica responde al nombre de Loli. La ilusión le embargó por momentos y presagiaba que el problema estaba a punto de resolverse. Apresuradamente, salió acompañado por una enfermera, Ana, que conocía a Loli, y se presentó en dicho hospital. Una vez que pudieron ver a la chica, todas las ilusiones se vinieron abajo. Nada más entrar en la habitación, Ana, con voz desconsolada, dijo:

–Ni hablar, no se parece en nada. Loli es mucho más delgada, más rubia y su piel mucho más blanca.

–¡Qué pena! ¡Qué mala suerte hemos tenido! –exclamó el director con cierto desánimo.

–El nombre de Loli es bastante corriente. Nos hemos precipitado en pensar que se trataba de la chica que andábamos buscando.

–Es cierto. Regresemos al hospital para hablar con el personal del turno de noche, que ya debe de estar esperándome en mi despacho. El caso se nos está complicando cada vez más.

Una vez dentro del coche, durante el trayecto de vuelta, la enfermera tuvo una idea y se la comunicó al director.

–¿Y si Loli está tranquilamente en su casa? Quizá se ha escapado y se ha cruzado con su madre cuando esta se dirigía al hospital.

–Sería mucha casualidad, pero debemos investigar cualquier posibilidad. Cuando llegue a mi despacho telefonearé a su casa.

–Es mejor ir personalmente. Aquí tengo sus datos, entre ellos el domicilio de ella. No hay que desviarse mucho para pasar por su casa.

–Está bien, pero ¿y si nos abre la puerta cualquier familiar? ¿Decimos que Loli se ha perdido?

–No hace falta. Usted se puede quedar en el coche. Yo llamo a su casa y, si no es ella quien me abre la puerta, me hago pasar por una amiga suya. Tengo el aspecto joven y, por tanto, esto puede ser verosímil.

–No sé yo... En fin, vamos a intentarlo. Dígame en qué dirección tengo que ir.

–Por favor, siga de frente y en la segunda calle que cruza, gire a la derecha. Después siga hasta llegar a una glorieta. Una vez allí aparque donde pueda. No debe de encontrarse muy lejos la casa de Loli.

–De acuerdo. Me estoy poniendo nervioso. Parece que estamos jugando a ser detectives. Nunca se me había dado un caso parecido.

–Ni a mí. Pero una vez en otro hospital sí me ocurrió un hecho bastante espeluznante, y es que se iban a llevar a una paciente al quirófano y no la encontraron en su habitación. Se trataba de una chica adicta a la heroína. Se la encontraron muerta en el baño como consecuencia de una sobredosis. Tardé unos días en recuperarme de la impresión. Era cuando yo empezaba a ejercer de enfermera. Ahora, por desgracia, estoy acostumbrada a convivir a diario con la muerte.

–Sí, eso nos insensibiliza un poco. De otra manera no lo podríamos aguantar –comentó el director del hospital.

–No crea; yo, cuando un paciente ha tenido cierto contacto conmigo, me encariño enseguida y si muere lo siento muchísimo. Lo que ocurre es que estoy más entrenada para dominar mis sentimientos.

Habían llegado al lugar convenido. El director aparcó muy cerca de la casa de Loli. Había un quiosco cerca y aprovechó para salir del coche y comprar algún periódico mientras la enfermera cumplía su cometido.

La joven, un poco temblorosa, llamó al timbre con la esperanza de ver salir a Loli, pero fue la asistenta la que abrió la puerta –no había duda por el delantal que tenía puesto y un trapo dc limpiar cl polvo que llevaba en la mano–. La enfermera se presentó como amiga de Loli y preguntó por ella. La chica de servicio le contó el incidente de Loli con la moto y le dijo también que no tardaría en volver del hospital. La enfermera explicó su presencia en la casa diciendo que tenía que entregarle unos apuntes a Loli o a alguna de sus compañeras de clase. Añadió que ella iba a otro instituto distinto al que iba Loli y no conocía sus teléfonos. Preguntó a la asistenta si se los podía facilitar. Esta se quedó unos segundos pensando y por fin dijo:

–Bueno, no me parece que sea muy correcto buscar entre las cosas de Loli, pero sé que al lado del teléfono de su habitación tiene una agenda. No sé si a ella le puede sentar mal que yo se la enseñe.

–No, por Dios, ella es muy amiga mía. Si no le importa me la puede dejar y yo anoto los teléfonos de las compañeras que conozco. Me dijeron que los apuntes los necesitaban y quiero entregárselos a una de ellas ahora mismo y personalmente.

La asistenta se resistió un poco. Tenía miedo de tener problemas con la chica y así se lo hizo saber a la enfermera.

–No sé si haré bien en entregarle la agenda. A Loli le gusta preservar mucho su intimidad.

–De acuerdo. Usted misma puede tomar nota de los teléfonos de las amigas que más relación tienen con ella. De lo demás me encargo yo. Esta tarde vendré a visitar a Loli y le hablaré de este asunto. No creo que se enfade, pues me dijo que ella y sus compañeras necesitaban estos apuntes con mucha urgencia.

Dada la insistencia de Ana, la chica la hizo pasar al salón mientras ella tomaba nota de los teléfonos. De pronto tuvo una idea: ¿y si Loli había dejado algún mensaje en el contestador? El teléfono estaba muy cerca de donde ella estaba sentada. La tentación de comprobarlo era grande. Lo dudó unos instantes por si la asistenta volvía y se daba cuenta de lo que se traía entre manos. Pero pensó que no iba a tener tan mala suerte; en todo caso podría disculparse diciendo que se había tomado la libertad de hacer una llamada. No lo pensó dos veces cuando ya tenía el auricular pegado a la oreja. Su intuición fue acertada. Enseguida oyó la voz de Loli que decía: "No te preocupes por mí, mamá. Estoy bien. Dentro de poco te veré. Un beso".

Ana, al oírlo, se puso nerviosa. Si algún familiar escuchaba ese mensaje se descubriría que Loli no estaba en ningún hospital, pero por otro lado era mejor tener constancia de que la chica estaba viva. ¿Qué hacía? De una forma casi mecánica pulsó la tecla para borrar el mensaje, aunque a la vez pensó que ya podría haberlo oído alguien antes que ella. Pero no era fácil, puesto que el mensaje había sido enviado a las once de la mañana y a esa hora el padre de Loli estaba trabajando y la madre estaba en el hospital.

En cuanto la asistenta le entregó una hoja de papel con los números de teléfono de las amigas de Loli, la enfermera salió a toda prisa a encontrarse con el director. Al menos ya se sabía algo nuevo, y un poco alterada por la novedad se lo hizo saber a este.

–No he encontrado a Loli; sin embargo, sí he oído un mensaje de ella en el contestador automático del teléfono de su casa. Todo hace pensar que se ha ido voluntariamente del hospital, pero ¿adónde? También traigo algunos números de teléfono de sus compañeras. Con todos estos datos tal vez podamos plantear alguna hipótesis.

–Puede ser, pero tampoco quisiera jugar a ser detective. La tarea de buscarla le corresponde a la policía.

–Lo digo porque usted no quería dar publicidad al hecho.

–Ya, pero el asunto se está poniendo feo*; se está complicando más de lo que pensaba y no va a quedar más remedio que dar cuenta* a la policía.

–¿Ha llamado usted al hospital por si allí tienen alguna novedad?

–Claro que lo he hecho, y no tienen ninguna noticia de la chica. En cambio, su madre está en la sala de enfermeras impaciente porque yo vuelva. ¿Se le ocurre a usted lo que yo le puedo decir a esta señora?

–Desde luego que es una buena papeleta*. El tema no es fácil de abordar.

–Han pasado ya unas cuantas horas y no podemos seguir ocultando la verdad por más tiempo. Creo que la señora está bastante alterada, y con toda la razón.

–No me gustaría estar en su lugar dentro de unos momentos.

–Pues me temo que va a estar usted presente, pues pienso reunir a todo el personal del hospital que conoce a Loli. Creo que ya están todos esperando en mi despacho.

5

Al entrar en el hospital, el director se dirigió a la sala de enfermeras de la planta dos. La puerta estaba abierta, por lo que antes de llegar ya divisó a una señora que gesticulaba sin parar; pensó enseguida que sería la madre de Loli. No estaba equivocado. Allí estaba la señora exigiendo a la enfermera que le dijera de una vez por todas* dónde estaba su hija. Esta, que había ido entreteniéndola como pudo, cuando vio entrar al director, responsable máximo del hospital, se quitó un peso de encima.

Todavía con las facciones de su rostro contraídas por la tensión nerviosa, dirigiéndose a la señora, acertó a decir:

–¡Ah! Ya está aquí el director. Él sabe mejor que yo a qué es debido el retraso de su hija.

–Bien, vayamos a mi despacho –dijo el director, intentando dar firmeza a su voz e invitando a la madre de Loli a seguirle.

–Doctor, dígame qué le ha pasado a mi hija. No es posible que el hacerse una prueba lleve tanto tiempo. Ha pasado toda la mañana. ¿Qué le ha ocurrido? Seguro que no se encuentra bien –la señora iba haciendo todos estos comentarios mientras recorrían los pasillos.

–¡Tranquila, señora! Cuando lleguemos a mi despacho, nos sentamos y hablamos del tema detenidamente, sin nervios.

Ana, la enfermera que había acompañado al director, se dispuso a telefonear a las amigas de Loli para ver si ellas sabían algo de su paradero. Tenía la esperanza de que este problema se solucionara antes de que fuera necesario ponerlo en manos de* la policía.

En las dos primeras llamadas no hubo suerte: no sabían nada de Loli desde hacía un par de días. En la tercera se vislumbraba alguna pista, pero en ese momento recibió una llamada del director anunciándole que estuviera preparada porque al cabo de un cuarto de hora empezaría la reunión del personal que había tenido algún contacto con la chica que buscaban. Ana le preguntó si no podían prescindir de ella, ya que estaba llevando a cabo unas pesquisas que tal vez dieran unos resultados satisfactorios. El director accedió a la petición con la condición de que no se metiera en ningún lío que no le correspondiera a ella, que fuera labor de la policía.

Cuando la madre de Loli supo que nadie conocía el paradero de su hija puso el grito en el cielo*. Lo primero que se le ocurrió pensar es que la habían raptado. Afirmaba que su hija no se habría ido voluntariamente sin avisarla a ella.

–Los chicos a veces hacen las cosas más inverosímiles que podamos imaginar –dijo el director, basándose en el mensaje que había dejado la chica–. Todavía es casi una adolescente y, ya sabe, en esas edades se cometen muchas locuras. Piense primero en los motivos que le han podido llevar a escapar y eso nos puede dar una pista para encontrarla.

–¡De ninguna forma! Loli no se ha escapado. Esto es un secuestro y hay que avisar rápidamente a la policía.

–¡Calma, señora! No se preocupe, todo se andará*. Primero dígame a qué lugares ha podido ir ella.

La señora hacía caso omiso* de las preguntas del director. Ella estaba obcecada con que su hija no se había ido voluntariamente, pero ¿con qué fin iban a raptarla? Nadie iba a pedir un rescate, porque ellos no eran ricos como para eso. ¿Se trataría de una secta? Siempre había tenido miedo a estas asociaciones marcadas por el oscurantismo, pues había conocido el caso de un joven que parecía muy razonable y había sido captado por una de estas sectas, que anuló por completo la voluntad del chaval.

Su imaginación fue más allá: de pronto recordó que Loli tenía el carné de donante de órganos. "Tal vez algún grupo desaprensivo que se había enterado del accidente de moto aprovechó la ocasión para descuartizarla, incluso podría darse el caso dentro del mismo hospital." Todas estas cosas que le venían a la cabeza la iban poniendo cada vez más nerviosa. El director la previno de que si no mantenía la calma iba a ser más difícil encontrar a la chica. Si tenía las ideas claras, podría ser de gran ayuda en la búsqueda.

–¡Cómo quiere que me calme sin saber si mi hija está viva o muerta! –contestó la señora en un tono bastante elevado–. Ahora mismo voy a denunciar el caso a la policía para que inicien cuanto antes la investigación. Esto ya me está pareciendo una tomadura de pelo*.

El director no sabía cómo decirle, sin ser indiscreto, que sabía que su hija estaba viva porque la enfermera había escuchado su voz en un mensaje telefónico. Solo le dijo que había indicios de que la muchacha se había ido del hospital por propia voluntad.

–¿Qué indicios son esos? –preguntó, ansiosa, la madre.

–Parece ser que alguien la vio salir –es lo primero que se le ocurrió decir para salir del paso*–. Espere a que tratemos el tema con el personal sanitario que ha tenido contacto con ella. Están todos esperando en la puerta. Les voy a hacer entrar y a ver si aclaramos algo. Si no es así, no se preocupe, que yo mismo aviso a la policía. Por cierto,

creo que su hija tenía un teléfono móvil, ¿sabe si se lo ha llevado con ella?

–En la habitación no lo tiene. No suele desprenderse del aparato. Mientras yo esperaba en la sala de enfermeras he marcado su número, pero me ha salido el contestador automático con un mensaje en el que decía que no había cobertura o que el aparato estaba desconectado.

He pensado que si se estaba haciendo alguna prueba, ella misma lo había apagado.

–Dígame el número y lo intento yo una vez más.

El director marcó el número del móvil de Loli, pero con el mismo resultado de la madre: salió de nuevo la voz del contestador. Sin embargo, el director dejó el siguiente mensaje: "Loli, si oyes este mensaje, apresúrate a venir al hospital. No sabemos qué ha ocurrido, pero todos estamos muy preocupados por ti, en especial tu madre. Queremos saber por qué no te has hecho las pruebas. Al menos, llámanos para saber algo".

–Bueno, señora, estamos poniendo todos nuestros dispositivos en marcha –dijo el director con voz tranquilizadora–. Ahora hablaremos con las personas que tuvieron contacto la noche pasada con su hija. Ya verá cómo, entre todos, averiguamos dónde ha podido ir Loli.

–Eso espero, porque de momento todo me parece rarísimo. No puedo poner mis ideas en orden.

La calma que parecía mostrar el director se la transmitió en cierto sentido a la madre de Loli, que en unos minutos recobró un poco de serenidad. Escucharía con atención lo que dijeran aquellas personas. Al fin y al cabo* eran ellas las que habían visto por última vez a su hija y, por tanto, las que más ayuda podrían prestar.

6

El primero que entró en el despacho del director fue el doctor Martínez, que, con gran cordialidad, saludó a la madre de Loli. A él le siguieron seis personas más. Todos ellos se quedaron de pie esperando las palabras del director, el cual, sin preámbulos, fue directamente al asunto.

–Señores, se les ha convocado a esta reunión de urgencia para ver si alguien puede ayudar a esclarecer la desaparición de la paciente de la habitación 213, Loli Pérez, hija de esta señora –dijo, señalando a la madre de Loli.

También el primero en tomar la palabra fue el doctor Martínez.

–Yo la vi a eso de las ocho de la tarde, en urgencias, como consecuencia de la caída de una moto. Se le hizo un análisis de sangre y una radiografía del cráneo. Aparentemente no había sufrido lesiones graves, pero como se quejaba de dolor de cabeza, decidí internarla para tenerla en observación. A la chica no le gustó mucho la idea, pero... –se paró unos instantes para hacer memoria– me pareció que tanto la madre como la hija salieron de la sala convencidas de que era la mejor solución. A partir de ese momento no la he vuelto a ver más.

Todos se quedaron callados durante unos instantes. El director fue quien rompió el silencio, dirigiéndose a la enfermera jefe del turno de noche.

–Señorita García: diga, por favor, cuándo vio por última vez a Loli.

–Recuerdo perfectamente que estaba dormida a las seis de la mañana cuando yo entré a dar un calmante a su compañera de habitación. Fue la última vez que la vi.

–¿Está segura de que estaba durmiendo?

–Al menos eso parecía.

–Pero de lo que tiene seguridad es de que Loli se encontraba en su cama a las seis de la mañana, ¿no?

–Por supuesto que sí. Me llamó la atención la postura que tenía: estaba destapada y encogida como un ovillo. Parecía que tenía frío. Yo le eché la sábana y la colcha por encima.

–No es mucho, pero al menos sabemos que desapareció después de las seis de la mañana. La desaparición tuvo lugar en un espacio de tiempo muy corto, pues cuando el turno entrante hizo el recorrido por las habitaciones, Loli no se encontraba en ella.

–Desde luego. Señor director, ¿no ha pensado que podría haberse ido durante el cambio de turno? En ese momento se produce bastante tumulto de gente y es más fácil que una persona pase desapercibida.

–No se me había ocurrido. ¿Se dio cuenta de si ella tenía puesto el pijama o por el contrario vestía ropa de calle?

A la madre de Loli le parecía que el director del hospital estaba llevando a cabo este interrogatorio con demasiada calma. Ella quería conocer pistas claras para dar con el paradero de su hija. Así que cortó de un plumazo* el diálogo entre el director y la enfermera.

–No creo que nos sirva para nada saber tantos detalles. ¿Por qué no pregunta usted quién la vio salir de su habitación?

–Señora, tranquilícese, tengo tanto interés como usted en que aparezca su hija, pero es importante conocer todos estos detalles para trabajar sobre una hipótesis basada en hechos lógicos. Así que debemos proceder con cierto orden. No se impaciente.

–Esas preguntas me parecen más propias de la policía. Por tanto, voy a dar cuenta del hecho y que sea ella la que se encargue de descubrir dónde está mi hija.

–No se preocupe, señora, espere unos minutos y si no sacamos nada en claro* seré yo mismo quien la avise.

El ambiente se estaba poniendo tenso. La paciencia de la madre de la chica estaba llegando al límite y todas las personas que estaban en el despacho del director mostraban un semblante nervioso. Intervino la enfermera con cierta rapidez.

–La chica estaba con el pijama que proporciona el hospital. Pero tal vez tenga razón la señora, ¿por qué no le contamos todas estas cosas a la policía? Si viene, nos hará las mismas preguntas. Entonces, creo que estamos perdiendo un tiempo precioso.

Sin esperárselo nadie, de repente tomó la palabra la auxiliar que la noche anterior le había proporcionado el pijama a Loli.

–¡Yo tengo algo que decir!

–Adelante –dijo el director.

–Tal vez sea una tontería, un detalle sin importancia, pero creo que debo decirlo. Esta mañana, cuando terminé mi trabajo y me dirigía al aparcamiento a coger mi coche, vi subir al autobús a una chica que en principio me recordó a Loli. No puedo asegurar que fuera ella porque la vi de espaldas, según subía al autobús. Deseché la idea enseguida y pensé que sería una enfermera en prácticas. Lo que sí me llamó la atención es que iba vestida con el uniforme blanco, es decir, de enfermera o auxiliar. Era raro, porque el personal sanitario se cambia de ropa antes de salir del hospital. Pensé que tal vez tuviera prisa y por eso había salido de esa forma.

–¿Por qué no lo ha dicho usted antes? –le recriminó el director con voz preocupada, pero a la vez esperanzadora.

–Porque de ningún modo creí que podría tratarse de Loli. Yo misma la había visto media hora antes acostada en su habitación. Es cierto que me pareció ella, pero no le di más importancia, eso ocurre muchas veces. Solo ahora, cuando no aparece, es cuando he recordado la visión de esta mañana y he pensado que, efectivamente, podía ser ella.

–¡Uf! Esto viene a complicar las cosas... Tiene toda la pinta* de tratarse de una huida. ¿Adónde habrá podido ir? De acuerdo, creo que lo mejor es avisar a la policía.

–Me parece lo más lógico. Ya se lo estoy diciendo yo desde el principio –comentó la madre de Loli–, pero de ninguna forma mi hija se ha ido voluntariamente sin decirme nada a mí. Ella sería incapaz de darme este disgusto.

–No se vayan, por favor –dijo el director dirigiéndose a los asistentes–; veré si puede venir ahora la policía, y en ese caso tendremos que prestar declaración.

7

Ana siguió investigando por su cuenta*. En la tercera llamada telefónica le contestó una amiga de Loli, que abrió un camino a la esperanza. Carmen –que así se llamaba la chica– dijo que había observado que ni ella ni Antonio (el novio de Loli) habían asistido a clase esa mañana, por lo cual era fácil que los dos estuvieran juntos. Le dijo también que ella no sabía dónde vivía Antonio, pero que sí tenía su número de teléfono. La enfermera se dispuso a tomar nota. Después se despidió de Carmen con entusiasmo. Intuía que sus indagaciones iban por buen camino.

Tal vez el director se enfadase con ella –pensó la enfermera– por dedicarse tan de lleno a este asunto y no asistir a la reunión, pero afrontaría el riesgo. Tenía el presentimiento de que se encontraba cerca de la solución del peliagudo asunto que se había presentado en el hospital. Así que siguió adelante con sus pesquisas. Lo primero que hizo fue llamar por teléfono a casa de Antonio. Cogió el teléfono su madre, que, cuando le preguntaron por el chico, respondió algo asustada.

–No ha vuelto de clase todavía, y normalmente a estas horas suele estar ya en casa. He pensado que podría haberse entretenido con los compañeros. ¿Quién es usted? ¿Le ha ocurrido algo a mi hijo?

–No, señora, no se asuste. Soy una amiga de Loli y quería hablar con él de un asunto relacionado con la chica. Su hijo no tardará en llegar. ¿Me puede dar su dirección y me paso a hablar personalmente con él?

La calle de Antonio no estaba muy lejos del hospital. La enfermera lo comprobó en un plano que tenía de la ciudad. Iba a coger su propio coche, pero cambió de idea; pensó que era mejor tomar un taxi: llegaría antes y, por otro lado, no le gustaba mucho conducir en el estado de nervios en que se encontraba. Durante el trayecto fue pensando en cómo enfocaría el tema con la madre de Antonio. No quería alarmarla, pero tenía casi la seguridad de que Antonio no iba a estar en su casa, que lo más probable era que se encontrara con Loli y, en cualquier caso, ella no podría decirle dónde.

En menos de veinte minutos Ana ya se encontraba ante la puerta de la casa de Antonio. Antes de llamar, la enfermera tomó aire, respiró hondo. Tenía que tomar fuerzas y encarar el asunto* con la mayor calma posible. Observó sus manos y vio que ya había desaparecido el temblor que tenía unos momentos antes. Por fin se decidió a llamar al timbre. Salió un señor a abrir; se trataba del padre de Antonio.

Tal como Ana pensaba, Antonio no había vuelto de clase ni había llamado por teléfono. Sus padres ya empezaban a impacientarse. La madre cayó en la cuenta* de que tampoco por la mañana le había visto a la hora de irse al instituto y eso aumentaba aún más su preocupación. Debió de salir muy temprano de casa; pero ¿por qué? ¿Adónde había ido?

La enfermera se tomó la libertad* de contar al matrimonio la verdad de lo que había ocurrido con Loli –aun contraviniendo las normas del director del hospital–. Les dijo que ella presentía que Antonio y Loli estaban juntos y preguntó a los padres si tenían idea de adónde podían haber ido.

Ni al padre ni a la madre se les ocurría ningún sitio. Hubo unos segundos de silencio. Todos estaban pensando.

–Bueno, tenemos una casita de campo a unos veinte kilómetros de aquí –comentó el padre de Antonio, después de reflexionar unos segundos–. Él suele irse de vez en cuando a estudiar allí porque se concentra mejor, pero siempre lo hace en fin de semana o algún día festivo; nunca cuando tiene clase.

–Podemos telefonear y así comprobamos si se encuentra allí la pareja, ¿no les parece? –preguntó Ana.

–Lo siento, no tenemos teléfono en la casa, y mi hijo tampoco usa móvil.

–Quien sí lleva móvil –dijo la enfermera– es Loli, pero hemos intentado ponernos en contacto con ella y no lo hemos conseguido. O bien lo tiene desconectado o no hay cobertura en el lugar en que se encuentra. Voy a intentarlo una vez más.

La enfermera marcó el número del teléfono de Loli, pero tuvo la misma suerte de las veces anteriores. Escuchó la misma frase con la voz algo metálica, sin vida, del contestador automático.

–Esto se puede comprobar en poco tiempo –dijo el padre de Antonio–. En un cuarto de hora me presento en la casa. Ahora, a mediodía, no debe de haber mucho tráfico.

–De acuerdo, yo me voy al hospital por si hago falta allí, pero, por favor, aquí le dejo el número de mi teléfono para que me mantenga informada, y, si por casualidad encuentran a Loli, ocúpese de que se presente en el hospital. Allí están todos muy preocupados.

–Por supuesto. Si está con mi hijo, yo mismo la llevaré al hospital. La madre debe de estar desesperada.

–Ya lo creo, y el director del hospital también tiene mucha preocupación. Al fin y al cabo, él es el responsable máximo de lo que allí pase.

–De acuerdo, salgo ahora mismo para allá. En cuanto sepa algo me pongo en contacto con usted.

Ana prefería acompañar al padre de Antonio. Estaba deseosa de solucionar el problema y, por otro lado, también le gustaría estar presente en el momento del encuentro con Loli, para llevarla ella misma ante el director y que todos la reconocieran como autora del éxito de la investigación que se estaba llevando a cabo; pero se quedó con las ganas. Volvió a su puesto de trabajo, ya que no quería ausentarse durante mucho tiempo del hospital por si se requería su presencia. Solo había informado de su salida a una compañera.

El padre de Antonio salió a toda prisa a coger el coche. Detrás de él iba también la madre, que quiso acompañarlo. Él la disuadió para que se quedara en casa por si había alguna llamada del chico. A regañadientes accedió, advirtiendo antes a su marido de que llamara en cuanto llegara y le dijera si estaban o no los chicos allí.

Al cabo de media hora, el padre de Antonio llegaba a la urbanización donde los miembros de la familia poseían un pequeño chalé que se habían comprado hacía siete años y que prácticamente solo usaban para pasar el verano y disfrutar de la piscina. También iban a pasar allí algunos domingos soleados de primavera. A Antonio le gustaba mucho y, aunque sus padres no fueran, él sí que hacía bastantes escapadas, sobre todo cuando tenía próximo un examen, para estar más aislado y concentrarse mejor.

La puerta de la verja estaba abierta. Este detalle ya hizo albergar esperanzas al padre de Antonio; la de la entrada a la casa daba directamente al salón. Sin llamar, la abrió con su propia llave, y allí se encontró a los dos chicos durmiendo en el sofá. Ni siquiera los despertó la presencia del padre ni el ruido que hizo al abrir.

8

Al hospital había llegado un inspector de policía acompañado de un oficial. Estaban rellenando los datos de la chica desaparecida. Cuando terminó este trámite, el inspector les dijo al director y a las personas que estaban con él que podían aprovechar para irse a comer mientras él registraba la habitación de Loli e inspeccionaba un poco el edificio del hospital. Acordaron encontrarse al cabo de una hora en aquel mismo despacho. La madre de Loli fue la única que no quiso moverse de allí por si había alguna novedad.

–Entonces haremos que le traigan un bocadillo y algo de beber –dijo en tono cordial el director–. ¿Qué le apetece?

–No se preocupe por mí. No tengo hambre. Voy a aprovechar mientras para hacer algunas llamadas a ver si alguien sabe algo de mi hija.

–No se impaciente, ya verá cómo la policía da enseguida con ella. De cualquier forma le haremos llegar un bocadillo de jamón serrano y un zumo de naranja. No hace falta que llame desde su móvil, puede disponer del teléfono del despacho para lo que quiera.

La primera llamada que hizo la madre de Loli fue a su casa. Habló con su marido, le contó lo ocurrido y le preguntó si en casa no habían recibido ninguna noticia de ella. Él dijo que había llegado del trabajo hacía pocos minutos y que lo único que le había parecido extraño era no encontrar a nadie en casa, solo una nota para Loli de parte de la asistenta en la que decía que había ido por la mañana una amiga suya a darle unos apuntes y, como ella no estaba, le pidió los números de teléfono de sus compañeras. La asistenta se los había dado, pero añadía en la nota que no sabía si había hecho bien. Si no era así pedía que le perdonara la intromisión, que lo había hecho con la mejor intención.

La madre de Loli se estaba poniendo nerviosa al oír a su marido contarle con tanta parsimonia un hecho tan poco relevante. El carácter flemático del hombre contrastaba con el de su mujer, que siempre tenía los nervios a flor de piel*. No pudo aguantar más y le interrumpió.

–¡Vamos, José! ¿Qué nos importan esos detalles? ¡Lo que necesitamos saber es dónde está nuestra hija! ¿Tienes alguna idea? El director del hospital piensa que se ha ido por su propia voluntad. Yo no lo creo. Tú sabes que Loli no es capaz de darnos ese disgusto.

–Es nuestra hija, pero es muy introvertida. Sabes que es muy reservada con su vida. No sabemos lo que hay en su interior. Por otro lado, sabemos que es muy decidida y si no estaba a gusto en el hospital, no me extraña que se haya largado.

–¡No digas sandeces, José! ¡Qué poco conoces a tu hija!

–No te pongas histérica, mujer. Nuestra hija aparecerá; no ha podido ir muy lejos. Ahora mismo salgo para el hospital a ver si puedo servir de ayuda a la policía.

–De acuerdo. ¡No tardes! Si quieres comer algo antes de salir, en el frigorífico hay algunas sobras de ayer. Caliéntalas en el microondas.

–Puedo aguantar, ya he tomado algo al llegar y se me ha pasado el hambre. Voy para allá.

–Bien, recoge antes la agenda que está en el cuarto de Loli. Yo tengo aquí la que llevaba en la mochila, pero me parece que está bastante incompleta.

La madre de Loli estuvo un rato entretenida haciendo algunas llamadas. Lo único que había podido averiguar por el momento es que su hija no había asistido a clase esa mañana; de ello estaba casi segura antes de llamar a nadie. A la vez que mordisqueaba de vez en cuando el bocadillo que le habían subido, pensaba dónde podría estar su hija. No quería aceptar que se hubiera ido por su propia voluntad; pero ahora que lo estaba pensando con más tranquilidad, se daba cuenta de que si hubiera ocurrido así sería mucho más fácil encontrarla. Sin dinero no habría podido irse muy lejos, probablemente estaría en casa de alguna amiga o de algún familiar. ¡Un familiar! Cayó en la cuenta de que todavía no había llamado a ninguno, y sabía que Loli tenía muy buena relación con su prima Marisol. La llamaría ahora mismo.

Estaba inmersa en estos pensamientos cuando apareció el director del hospital.

–¿Qué tal, señora? ¿Alguna novedad?

–Nada, ahora iba a llamar a una sobrina mía. He llamado a sus compañeras y lo único que saben es que mi hija hoy no ha ido a clase. Pero... ¿a usted no le ha dado tiempo a comer?

–Bueno, he tomado una ración de calamares. Es suficiente. No se preocupe por mí; quería estar aquí por si el inspector vuelve antes de lo previsto y además no quería que estuviese usted sola demasiado tiempo.

–Gracias, pero me encuentro un poco mejor. Mi marido está de camino hacia aquí. Veremos si él puede ayudarnos.

En ese momento apareció por la puerta del despacho José, el padre de Loli, el cual mostraba un semblante tranquilo. El director del hospital se alegró de verlo sereno, pues ya se sentía algo agotado y sin fuerzas para seguir gastando energías en apaciguarlo, como había tenido que hacer con su mujer.

José, al entrar, saludó con un beso a su mujer y a continuación esta le presentó al director. Ambos se estrecharon la mano cordialmente. Se cruzaron una mirada de complicidad. Sin palabras, los dos hombres se sintieron unidos por el mismo objetivo: había que encontrar lo antes posible a Loli. Para ello había que mantenerse con los nervios bien templados.

La madre, como tenía pensado, habló con su sobrina. Esta no había visto a Loli en los últimos tres días, sin embargo se ofreció a ir al hospital por si podía ayudar. Ella conocía muchas cosas de la vida privada de su prima que podían servir de pista para dar con su paradero*.

Poco a poco fueron llegando al despacho las personas que habían salido con el director para comer. Se produjeron unos instantes de silencio; cada uno de los presentes estaba sumido en sus pensamientos, intentando dar explicación a lo sucedido en el hospital, un hecho insólito para todos. El silencio fue roto por la presencia del inspector, acompañado del oficial. Fue el primero en tomar la palabra.

–Bueno, señores, hemos revisado la habitación de Loli y el hospital en general. Tenemos algunas pistas, no demasiadas. Después del interrogatorio que les voy a hacer creo que las cosas estarán más claras. Mientras yo hablo con ustedes el oficial va a comprobar la identidad de las huellas dactilares que hemos tomado en la habitación de la chica. No son demasiadas, ya que el personal sanitario usa guantes de látex.

El inspector tomó el asiento que le había ofrecido el director, revisó con calma unos papeles de su carpeta y, después de tomar alguna nota, se dirigió a la madre de Loli.

–Señora, va a ser usted la primera persona que me va a proporcionar toda la información que tenga sobre su hija desde el momento en que entró en el hospital. Cualquier detalle es importante, recuérdelo.

El interrogatorio se estaba llevando de forma fluida. Los informantes iban saliendo del despacho al terminar lo que tenían que decir. Solo el director del hospital y los padres de Loli permanecieron presentes en todas las declaraciones que se hicieron.

Ana, la enfermera, que era la persona del hospital que más información tenía respecto al caso que estaba investigando la policía, no había aparecido aún por el despacho del director. Estaba esperando a ver si las pesquisas que ella había llevado a cabo daban el resultado deseado.

El inspector había recopilado alguna información de las cinco personas que había interrogado hasta entonces, pero no era mucha. En ese momento se quedó un poco pensativo, con el ceño algo fruncido. Después de hacer un gesto de desagrado, se dirigió al director.

–Esto avanza muy despacio. No voy aclarando apenas nada. ¿Están aquí todas las personas que han tenido algún tipo de relación con la chica en las últimas veinticuatro horas?

–¡Qué despiste, Dios mío! Se me ha olvidado decirle que hay una enfermera que ha conseguido averiguar bastantes cosas de la vida de Loli –dijo el director con cierto énfasis, refiriéndose a Ana–. La conoce personalmente porque ha doblado el turno y, además, ha estado investigando por su cuenta y posee algunos datos que podrán ayudarle. Ahora mismo la llamo y podrá usted preguntarle lo que estime conveniente.

–Todos los detalles que pueda aportar son importantes para la investigación del caso –comentó el inspector.

El director marcó el número de la sala de enfermeras y Ana respondió con una voz que reflejaba cierto nerviosismo y, a la vez, euforia. Le aseguró que en un par de minutos estaría en el despacho.

El director, contagiado por el estado nervioso de Ana, tomó un bolígrafo y, de forma convulsiva, empezó a hacer garabatos en un papel, mientras esperaba la llegada de la enfermera. Presagiaba que se había producido alguna novedad. Con voz temblorosa, le dijo al inspector:

–No se preocupe, ahora mismo viene. ¡Qué cabeza la mía...! Mi despiste creo que ha sido debido al cansancio que tengo, o más bien al estrés, ya que este asunto me tiene muy preocupado.

9

Mientras Ana llegaba permanecieron un rato en silencio. El inspector estaba dando un repaso a los datos que tenía y de vez en cuando hacía algún comentario al oficial, que ya había terminado con la tarea de las huellas. Ambos trataban de atar cabos*: en la mochila de la chica estaban todas sus pertenencias, menos el monedero y el teléfono móvil, las dos cosas que más podría necesitar. Pero ¿por qué no se había vestido antes de salir? Además, era difícil salir en pijama y pasar desapercibida. Y si es verdad que subió al autobús con uniforme de enfermera, ¿por qué se marchó de esa forma? ¿Cómo lo hizo?

—¡Ah, ya sé lo que ha ocurrido!

Al inspector no le dio tiempo a terminar la frase. En ese preciso momento llegó Ana, y no venía sola. Parecía que la acompañaba una compañera, pero no: se trataba de Loli. Con ellas dos iba también el padre de Antonio. La madre de la muchacha saltó de la silla y se abrazó con fuerza a su hija, que había entrado en el despacho con lágrimas en los ojos, y, con la emoción del abrazo, las dos comenzaron a sollozar. Así permanecieron durante unos instantes. Loli no dijo nada, el llanto se lo impedía. Se soltó de los brazos de su madre y dio un beso y un abrazo a su padre, que con voz también emocionada le preguntó:

—Pero, hija, ¿dónde has estado?

—Perdonen que me presente —dijo de repente el padre de Antonio—, soy Antonio Fernández, el padre del chico que está enamorado de su hija y que, por lo que he podido comprobar, es correspondido por ella. Veo que la chica no puede hablar por la emoción y por eso me permito decirles que he sido yo quien la ha traído. Los dos tortolitos, es decir, mi hijo y su hija, estaban tranquilamente dormidos en una casa que tenemos en el campo.

–Fue su hijo quien se llevó a mi hija del hospital, ¿no? –se apresuró a decir la madre de Loli.

–No, mamá, quise irme yo con él –acertó a decir Loli.

–Pero ¿por qué, hija?

–Mamá, a ti no te gusta Antonio y yo... –no terminó la frase y siguió gimoteando.

–¡Y no se te ocurrió otra cosa que escaparte con él!

–Mamá, no fue una escapada –seguía diciendo Loli entre sollozos–. Solo pensaba pasar un rato con Antonio. Habíamos estado hablando por teléfono y los dos nos moríamos de ganas* de estar juntos. Le dije que a las siete me esperara en la puerta del hospital.

–Pero ¿cómo? ¿No sabías que tenías que hacerte una prueba a las once de la mañana?

–Sí, pensaba venir, pero me quedé dormida y no me desperté hasta las once. Ya era tarde, me di cuenta de que no me daba tiempo a llegar al hospital; yo me encontraba bien pero con mucho sueño, te dejé un mensaje en el contestador y me volví a dormir.

–¡A dormir tranquilamente! Mientras que aquí está medio hospital revolucionado con tu desaparición.

–No creí que todo esto iba a tener tanta trascendencia. Pensaba ir a casa a la hora de comer y allí os pediría disculpas.

–Lo importante es que nuestra hija ya se encuentra entre nosotros –dijo el padre de Loli–, todo lo demás tiene solución.

−¿De dónde has sacado ese uniforme de enfermera? −intervino de nuevo la madre dirigiéndose a la chica.

−De la lavandería, ¿verdad? −aseguró uno de los policías, al mismo tiempo que Loli asentía con un movimiento de cabeza−. Está situada en una sala próxima a su habitación. Ya estaba yo barruntando esa posibilidad, pero se me ha adelantado usted al llegar aquí.

−¡Adelantarse, dice! −exclamó la madre−. Son casi las cuatro de la tarde cuando por fin he sabido algo de mi hija.

−Señora, quiero decir que íbamos acertados con nuestras conjeturas. Una cosa, señorita −dijo el inspector dirigiéndose a Loli−, ¿a qué hora salió usted del hospital?

−Aproveché justamente a salir durante el cambio de turno. Si me detenía a ponerme los vaqueros y la blusa, seguro que me pillaban. A esa hora y con esta ropa, creí que sería la mejor forma de pasar desapercibida ante los ojos del agente de seguridad.

El padre de Loli se dirigió al director del hospital con estas palabras:

−Le pido disculpas en nombre de mi hija por las molestias que le hemos podido ocasionar. En nombre de mi mujer y mío, le doy las gracias por el interés que se ha tomado.

−No hay de qué. Es nuestra obligación preocuparnos por nuestros pacientes. Veré si le pueden hacer las pruebas a Loli esta misma tarde; si no es así es mejor que duerma en casa y vuelva mañana, no vaya a ser que nos dé otra sorpresa.

Los dos policías se cruzaron la mirada y sonrieron. El inspector, con cierto sarcasmo, se dirigió a los padres de Loli y les dijo:

–Debo entender que desean ustedes retirar la denuncia, ¿no?

–Por supuesto, inspector.

El inspector dio carpetazo* al caso con estas palabras: "Hacía tiempo que no me encontraba con un caso de desaparición por amor".

EJERCICIOS DE COMPRENSIÓN

1 ¿Has entendido la novela? Completa.

a) Loli había sufrido un .... de moto.

b) La enferma de la habitación 213 había ....
y la estaban buscando.

c) El primero que entró en el despacho del director fue el
doctor ....

d) Al hospital llegó un inspector de policía acompañado de
un ....

e) La enfermera que más investigó en este caso se llama
....

2 ¿Verdadero o falso?

a) A Loli la atendieron rápidamente en el hospital. ☐

b) Loli pidió que le llevaran ropa limpia. ☐

c) La chica desapareció del hospital durante el cambio de
turno. ☐

d) La policía encontró a Loli. ☐

e) Loli dijo que no se trataba de una huida. ☐

3 Haz una descripción de Loli. Intenta recordarla sin leer el
libro.

4 Loli y sus padres cenaron en la cafetería del hospital.

a) ¿Cuál de los tres tomó una cena típica española?

b) Marca los platos que son típicos de España.

- paella   - espaguetis

- sopa de cebolla   - jamón serrano

- tortilla de patata   - hamburguesa

- gazpacho   - salchichas

- fabada   - cocido

5 Responde a estas preguntas.

a) ¿Encontró el agente de seguridad a Loli?

b) ¿Cuántas veces habló Loli por teléfono con su novio?

c) ¿Sobre qué hora desapareció del hospital?

6 Ponte en el lugar de Loli: estás viendo en la televisión un programa cultural de preguntas y respuestas. ¿Las sabrías contestar?

a) ¿En qué ciudad española está el monumento de Gaudí *La Sagrada Familia?*

b) Entre estos escritores hay uno que es Premio Nobel de Literatura. Señala cuál es.

- Miguel Delibes   - Josefina Aldecoa

- Camilo José Cela   - Manuel Vázquez Montalbán

c) ¿Cuál es el ingrediente básico del cocido madrileño?

d) Ordena de mayor a menor (por su número de habitantes) las siguientes ciudades:

Barcelona - Sevilla - Madrid - Toledo - Zaragoza

e) Relaciona el nombre de cada pintor con su obra.

Velázquez	*Fusilamientos del tres de mayo*
El Greco	*El entierro del conde de Orgaz*
Pablo Picasso	*Las Meninas*
Francisco de Goya	*El Guernica*
Salvador Dalí	*Madonna de Port Lligat*

7 Responde ahora a estas preguntas.

a) ¿Por qué el conductor llamó al teléfono 061?

b) ¿En honor a qué persona lleva el hospital de la novela su nombre?

c) ¿A qué colectivo se designa con la expresión "tercera edad"?

d) ¿A qué se llama "prensa rosa"?

e) ¿Qué siglas se usan para designar al carné de identidad?

f) Di cuántos años duran las carreras de enfermero y médico.

g) Relaciona profesiones y funciones.

1. médico	a) Tomar nota de la temperatura y presión arterial del paciente.
2. enfermero	b) Firmar escritos relacionados con decisiones internas del hospital.
3. auxiliar	c) Impedir el paso a intrusos.
4. guarda de seguridad	d) Ayudar a asearse al paciente.
5. director	e) Prescribir un medicamento.

Ejercicios de gramática

1 Completa con *ser* o *estar* en el tiempo adecuado teniendo en cuenta el texto.

a) Algunos de los pasajeros del autobús .... de edad avanzada.

b) Los baños .... fuera de la habitación.

c) Incluso había mirado por la cafetería del hospital por si .... desayunando.

d) El teléfono .... muy cerca de donde Ana .... sentada.

e) "No te preocupes por mí, mamá, ... bien."

f) "............... cierto que me pareció ella, pero no le di más importancia."

g) "Lo mejor .... avisar a la policía."

h) Lo primero que hizo Ana .... llamar a la casa de Antonio.

i) La lavandería .... situada en una sala próxima a su habitación.

2 Coloca la preposición adecuada.

a) El conductor se ocupó .... realizar el encargo.

b) La chica era alérgica .... muchas sustancias.

c) El conductor les telefonearía para interesarse .... el estado de la chica.

d) Loli tenía que instalarse .... la segunda planta.

e) Por fin Ana se decidió .... llamar al timbre.

f) El padre de Antonio volvió .... la chica.

3 Forma una sola oración compuesta con cada pareja de oraciones simples, utilizando los nexos *porque, para, por tanto, que, ni, si.* Deben mantener la relación que se expresa. Fíjate en el ejemplo.

No quisieron llamar a su casa todavía / No quisieron alarmar a la familia.

FINALIDAD: *No quisieron llamar a su casa todavía para no alarmar a la familia.*

a) La señora pidió un somnífero / Loli no pudo hablar mucho con ella.

CONSECUENCIA: ....

....

b) Tiene sus cosas en la habitación / No ha podido ir muy lejos.

CONDICIÓN: ....

....

c) Soy una estudiante de enfermería / Hace una semana que empecé a hacer las prácticas.

ADJETIVACIÓN: ....

....

d) Estamos todos muy alterados / Ha desaparecido una paciente.

CAUSA: ....

....

e) El chico no había vuelto de clase / No había llamado por teléfono.

COORDINACIÓN COPULATIVA: ....

....

4 Completa este texto en pasado con los tiempos y modos verbales adecuados.

La enfermera, pálida por la impresión que le (producir) .... la visión de la llegada de la madre en solitario, (avisar) .... al resto del personal que (andar) .... buscándola. (Temer, ellos) .... el encuentro con la señora. No se les (ocurrir) .... qué (poder) .... decirle para que no (asustarse) .... Por otro lado, solo (faltar) .... ya un cuarto de hora para empezar con las pruebas y entonces se (descubrir) .... todo el pastel.

5 Pasa a estilo indirecto el siguiente fragmento del texto.

El conductor del turismo dijo a los padres de Loli:

–Opino igual que ustedes sobre el estado de la chica. Aparentemente está normal, pero siempre es conveniente hacer una revisión por si ha sufrido algún traumatismo interno. Máxime cuando ella dice que tiene un fuerte dolor de cabeza. Tal vez sea por los nervios, pero conviene que la vea un especialista y así nos quedaremos más tranquilos.

6 Fíjate en las siguientes oraciones finales. Di por qué en el primer caso el nexo es *para* y en el segundo *para qué*.

a) *A Antonio le gustaba mucho el chalé para estar aislado.*

b) *Le dejo el número de mi teléfono para que me mantenga informada.*

EJERCICIOS DE LÉXICO

1 Une cada palabra con su sinónimo.

lío	serenidad
calma	follón
turno	chica
chavala	escapar
huir	relevo

2 Escribe los sustantivos correspondientes a los siguientes verbos.

Ejs.: *proponer > propuesta / proposición*
       revisar > revisión

realizar	buscar
consultar	suceder
sufrir	hacer
pinchar	entretener

3 Escribe el término que corresponde a las siguientes definiciones.

a) Persona que atiende a los enfermos y ayuda al médico:

....

b) Lesión causada en los tejidos por agentes externos:

....

c) Sensibilidad especial del organismo a alguna sustancia:

....

d) Aparato que mide la temperatura del organismo:

....

e) Procedimiento para obtener fotografías mediante rayos X:
....

4 Relaciona cada expresión con su significado.

a) no ver con buenos ojos

b) meter la pata

c) poner el grito en el cielo

d) quitarse un peso de encima

e) dar carpetazo

1) cometer un error

2) dar algo por finalizado

3) no gustar alguna cosa

4) quitarse una responsabilidad

5) ponerse nervioso / enfadarse

CLAVES

CLAVES

EJERCICIOS DE COMPRENSIÓN

1

a) accidente; b) desaparecido; c) Martínez; d) oficial; e) Ana.

2

a) F; b) V; c) V; d) F; e) V.

3

"Se trata de una chica más bien alta, más o menos 1,75, delgada, ojos grandes y azules, nariz respingona. Lleva el pelo rubio, tal vez teñido, con una melena hasta los hombros.

Tiene una mirada muy peculiar, una mirada penetrante y a la vez muy expresiva. Aparenta un par de años más de los que tiene" (capítulo 3).

4

a) la madre;
b) paella, tortilla de patata, gazpacho, fabada, jamón serrano, cocido.

5

a) No, fue una confusión.
b) Dos.
c) Sobre las siete de la mañana.

6

a) Barcelona; b) Camilo José Cela; c) el garbanzo; d) Madrid, Barcelona, Sevilla, Zaragoza, Toledo; e) Velázquez: *Las*

Meninas; El Greco: *El entierro del conde de Orgaz;* Pablo Picasso: *El Guernica;* Francisco de Goya: *Fusilamientos del tres de mayo;* Salvador Dalí: *Madonna de Port Lligat.*

7

a) Es el teléfono de urgencias de la sanidad pública.

b) A la Infanta Cristina, segunda hija de los Reyes de España.

c) A los ancianos.

d) A la prensa que trata de los problemas sentimentales de personajes famosos. Se llama también "prensa del corazón".

e) DNI (Documento Nacional de Identidad).

f) enfermero: 3 años
médico: 6 años

g) 1. e)
2. a)
3. d)
4. c)
5. b)

EJERCICIOS DE GRAMÁTICA

1

a) eran; **b)** estaban; **c)** estaba; **d)** estaba / estaba; **e)** estoy; **f)** Es; **g)** es; **h)** fue; **i)** estaba.

2

a) de; **b)** a; **c)** por; **d)** en; **e)** a; **f)** con.

CLAVES

3

a) La señora pidió un somnífero, por tanto Loli no pudo hablar mucho con ella.

b) Si tiene sus cosas en la habitación, no ha podido ir muy lejos.

c) Soy una estudiante de enfermería que hace una semana empezó a hacer las prácticas.

d) Estamos todos muy alterados porque ha desaparecido una paciente.

e) El chico no había vuelto de clase ni había llamado por teléfono.

4

produjo; avisó; andaba; temían; ocurría; podrían; se asustara; faltaba; descubriría.

5

*El conductor del turismo les dijo a los padres de Loli **que opinaba** igual que **ellos** sobre el estado de la chica, **que** aparentemente **estaba** normal, pero **que** siempre **era** conveniente hacer una revisión por si **había sufrido** algún traumatismo interno. Máxime cuando ella **decía** que **tenía** un fuerte dolor de cabeza. **Añadió** **que** tal vez **fuera** por los nervios, pero **que convenía** que la **viera** un especialista y así **se quedarían** más tranquilos.*

6

En el primer caso el sujeto de la oración principal y el de la subordinada son el mismo y en el segundo son distintos.

EJERCICIOS DE LÉXICO

1

lío: follón; calma: serenidad; turno: relevo; chavala: chica; huir: escapar.

2

realizar: realización; consultar: consulta; sufrir: sufrimiento; pinchar: pinchazo; buscar: búsqueda; suceder: suceso; hacer: hecho; entretener: entretenimiento.

3

a) enfermero; b) traumatismo; c) alergia; d) termómetro; e) radiografía.

4

a) 3; b) 1; c) 5; d) 4; e) 2.

Apéndice
Locuciones y frases hechas

a regañadientes: de mala gana.

al fin y al cabo: expresión para subrayar la legitimidad de un hecho o dicho.

armarse de paciencia: disponerse a aguantar.

armarse de valor: prepararse para superar una situación difícil.

atar cabos: reunir y asociar datos.

caer en la cuenta: notar, recordar o asociar ideas.

dar carpetazo: dar por finalizado un asunto.

dar con el paradero: encontrar algo o a alguien.

dar cuenta: notificar / denunciar un hecho.

de un plumazo: de forma rápida, drástica.

de una vez por todas: definitivamente.

descubrirse el pastel: descubrir algo que se quería mantener oculto.

doblar el turno: hacer dos turnos de trabajo en la misma jornada laboral.

dormir de un tirón: dormir ininterrumpidamente, sin despertarse.

echar un rapapolvo: regañar.

en buenas manos: con gente de confianza, eficiente.

encarar el asunto: ir directamente al problema.

estar al tanto: conocer, saber.

hacer caso omiso: desobedecer, no tener en cuenta.

hacerse pasar por...: suplantar la personalidad.

hasta los topes: muy lleno.

llegar a oídos de...: enterarse.

meter la pata: intervenir de manera inoportuna o cometer un error.

montar en cólera: enfadarse.

montar un lío: provocar confusión o alboroto.

morirse de ganas: tener enormes deseos.

no dar abasto: no rendir lo necesario.

no dar señales de vida: no aparecer.

no hacerle ninguna gracia: molestarle.

no quedar más remedio: no tener otra solución.

no sacar nada en claro: no llegar a ninguna conclusión.

no ver con buenos ojos: no gustar algo.

poner el grito en el cielo: indignarse, quejarse.

poner en entredicho: dudar, desconfiar.

poner en manos de...: responsabilizar de algo a otra persona.

ponerse algo feo: complicarse, armarse un lío.

por su cuenta: bajo su responsabilidad.

quitarse un peso de encima: desaparecer un problema o una responsabilidad.

salir del paso: solucionar algo momentáneamente, superar la situación del momento.

salir la verdad a relucir: descubrirse la verdad.

tener al corriente: tener informado a alguien.

tener los nervios a flor de piel: estar alterado, nervioso.

tener para rato: haber demora, tener que esperar mucho tiempo.

tener toda la pinta: parecer, haber indicios de algo.

todo se andará: expresión para indicar que todo llega en esta vida, que se hará en el futuro.

tomadura de pelo: burla, engaño.

tomarse la libertad: decidir algo infrecuente o que no corresponde a la persona.

una buena papeleta: un gran problema.

vencer el sueño: quedarse dormido.

TÍTULOS DE LA COLECCIÓN

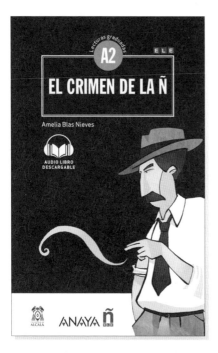